JOSÉ MARTÍ

DIARIO DE CAMPAÑA

BARCELONA 2012
WWW.LINKGUA-DIGITAL.COM

CRÉDITOS

Título original: Diario de campaña.

© 2012, Red ediciones S.L.

e-mail: info@red-ediciones.com

Diseño de cubierta: Red ediciones S.L.

ISBN rústica: 978-84-933439-3-4.
ISBN ebook: 978-84-9897-872-8.

SUMARIO

PRESENTACIÓN

La vida

José Martí (La Habana, 1853-Dos Ríos, 1898), Cuba. Era hijo de Mariano Martí Navarro, valenciano, y Leonor Pérez Cabrera, de Santa Cruz de Tenerife.

Martí empezó su formación en El Colegio de San Anacleto, y luego estudió en la Escuela Municipal de Varones. En 1868 empezó a colaborar en un periódico independentista, lo que provocó su ingreso en prisión y más tarde su destierro a España. Vivió en Madrid y en 1871 publicó El presidio político en Cuba, su primer libro en prosa.

En 1873 se fue a Zaragoza y se licenció en derecho, y en filosofía y letras. Al año siguiente viajó a París, donde conoció a personajes como Víctor Hugo y Augusto Bacquerie.

Tras su estancia en Europa vivió dos años en México. Por esa época se casó con Carmen Zayas Bazán, aunque estaba enamorado de María García Granados, fuente de inspiración en sus poemas.

En 1878 regresó a La Habana y tuvo un hijo con Carmen. Un año después fue deportado otra vez a España (1879). Hacia 1880 vivió en Nueva York y organizó la Guerra de Independencia de su país. Fue cónsul de Argentina, Uruguay y Paraguay en esa ciudad norteamericana; dio discursos, escribió artículos y versos, conspiró, fundó el Partido Revolucionario Cubano y redactó sus Bases. En 1895, al iniciarse la Guerra de Independencia, se fue a Cuba y murió en combate.

La idea de la prosa

Este libro es una sucesión de apuntes fugaces escritos en el monte cubano durante la Guerra de Independencia. Aquí se mezclan las reflexiones sobre el destino de una nación con las descripciones del paisaje, las comidas y los personajes que rodean a su autor. Aunque parezca extraño, a veces las oraciones yuxtaponen los elementos de un modo casi cinematográfico y confieren a la prosa de Martí un tono cercano al de los escritores de vanguardia de principios del siglo xx. En ocasiones recuerda incluso a los diarios que escribió Wittgenstein durante la Primera Guerra Mundial.

Un ejemplo de esto es la primera línea:

9. Abril. Lola, jolongo, llorando en el balcón. Nos embarcamos.

Lo cívico y lo político

El diario refleja también algunas de las diferencias que marcarán la historia de los procesos políticos de Latinoamérica: la desconfianza de los hombres de acción hacia la actividad cívica, considerada una debilidad que sólo bajo la tutela de los caudillos será útil:

(Máximo) Gómez dice: «Pues lo tienen a usted bueno con lo de presidente. Martí no será presidente mientras yo esté vivo»: y enseguida, «porque yo no sé qué le pasa a los presidentes, que en cuanto llegan ya se echan a perder, excepto Juárez, y eso un poco, y Washington». Bello, airado, se levanta, y da dos a tres trancos y el machete le baila a la cintura: «Eso será a la voluntad del pueblo»: y murmura: «Porque nosotros —me dijo otra vez, acodado a mi mesa con Pacheco— hemos venido a la revolución para ser hombres, y no para que nadie nos ofenda en la dignidad de hombre». En lluvias, jarros de café, y plática de Holguín y Jiguaní llega la noche. Por noticias de Masó esperamos. ¿Habrá ido a la concentración con Maceo? Miró a oscuras, roe en la púa una paloma rabiche. Mañana mudaremos de casa.

Un final escogido

Este diario termina con la muerte en combate de su autor y en su última página la ignorancia de esa muerte inminente adquiere una magnitud trágica:

Mi primera cama. P. y aviso. la primera jutía.

El trasfondo histórico del Diario de campaña es una guerra en la que Martí tiene poco que aportar como soldado y en la que participa para defender su posición como rector intelectual de la independencia de Cuba.

DIARIO

9. Abril. Lola, jolongo, llorando en el balcón. Nos embarcamos. 10. Salimos del Cabo. Amanecemos en Inagua. Izamos velas. 11. Bote. Salimos a las once. Pasamos rozando a Maisí, y vemos la farola. Ya en el puente. A las siete y media, oscuridad. Movimiento a bordo. Capitán conmovido. Bajan el bote. Llueve grueso al arrancar. Rumbamos mal. Ideas diversas y revueltas en el bote. Más chubasco. El timón se pierde. Fijamos rumbo. Llevo el remo de proa. Salas rema seguido. Paquito Borrero y el general ayudan de popa. Nos ceñimos los revólvers. Rumbo al abra. La Luna asoma, roja, bajo una nube. Arribamos a una playa de piedras (La Playita al pie de Cajobabo). Me quedo en el bote el último vaciándolo. Salto. Dicha grande. Viramos el bote, y el garrafón de agua. Bebemos málaga. Arriba por piedras, espinas y cenegal. Oímos ruido, y preparamos, cerca de una talanquera. Ladeando un sitio, llegamos a una casa. Dormimos cerca, por el suelo. 12. A las tres nos decidimos a llamar. Blas, Gonzalo, y la Niña. José Gabriel, vivo, va a llamar a Silvestre. Silvestre dispuesto. Por repechos, muy cargados, salimos a buscar a Mesón, al Tacre (Záguere). En el monte claro esperamos, desde las nueve, hasta las dos. Convenzo a Silvestre a que nos lleve a Imía. Seguimos por el cauce del Tacre. Decide el general escribir a Fernando Leyva, y va Silvestre. Nos metemos en la cueva, campamento antiguo, bajo un farallón, a la derecha del río. Dormimos: hojas secas: Marcos derriba: G me trae hojas. 13. Viene Abraham Leyva, con Silvestre cargado de carne de puerco, de cañas, de buniatos, del pollo que manda la Niña. Fernando ha ido a buscar el práctico. Abraham, rosario al cuello. Alarma; y preparamos, al venir Abraham, a trancos. Seguía Silvestre con la carga; a las once. De mañana nos habíamos mudado a la vera del río, crecido en la noche, con estruendo de piedras que parecía de tiros. Vendrá práctico. Almorzamos. Se va Silvestre. Viene José a la una con su yegua. Seguiremos con él. Silbidos y relinchos: saltamos: apuntamos: son Abraham. Y Blas. Por una conversación de Blas supo Ruen que habíamos llegado, y manda a ver, a unírsenos. Decidimos ir a encontrar a Ruen al Sao del Nejesial. Saldremos por la mañana. Cojo hojas secas, para mi cama. Asamos buniatos.

14. Día mambí. Salimos a las cinco. A la cintura cruzamos el río, y recruzamos por él: bagás altos a la orilla. Luego, a zapato nuevo, bien cargado, la altísima loma, de yaya de hoja fina, majagua de Cuba, y cupey de piña estrellada. Vemos, acurrucada en un lechero, la primera jutía. Se descalza Marcos, y sube. Del primer machetazo la degüella: Está aturdida; Está degollada. Comemos naranja agria, que José coge, retorciéndolas con una vara: «¡qué dulce!». Loma arriba. Subir lomas hermana hombres. Por las lomas llegamos al Sao del Nejesial: lindo rincón, claro en el monte, de palmas viejas, mangos y naranjas. Se va José. Marcos viene con el pañuelo lleno de cocos. Me dan la manzana. Guerra y Paquito de guardia. Descanso en el campamento. César me cose el tahalí. Lo primero fue coger yaguas, tenderlas por el suelo. Gómez con el machete corta y trae hojas, para él y para mí. Guerra hace su rancho; cuatro horquetas: ramas en colgadizo: yaguas encima. Todos ellos, unos raspan coco, Marcos, ayudado del general desuella la jutía. La bañan con naranja agria, y la salan. El puerco se lleva la naranja, y la piel de la jutía. Y ya está la jutía en la parrilla improvisada, sobre el fuego de leña. De pronto hombres: «¡Ah hermanos!». Salto a la guardia. La guerrilla de Ruen. Félix Ruen, Galano, Rubio, los diez. Ojos resplandecientes. Abrazos. Todos traen rifle, machete, revólver. Vinieron a gran loma. Los enfermos resucitaron. Cargamos. Envuelven la jutía en yagua. Nos disputan la carga. Sigo con mi rifle y mis cien cápsulas, loma abajo, Tibisial abajo. Una guardia. Otra. Ya estamos en el rancho de Tavera, donde acampa la guerrilla. En fila nos aguardan. Vestidos desiguales, de camiseta algunos, camisa y pantalón otros, otros chamarreta y calzón crudo: yareyes de pico: negros, pardos, dos españoles. Galano, blanco. Ruen nos presenta. Habla erguido el general. Hablo. Desfile, alegría, cocina, grupos. En la nueva avanzada: volvemos a hablar. Cae la noche, velas de cera, Lima cuece la jutía y asa plátanos, disputa sobre guardias, me cuelga el general mi hamaca bajo la entrada del rancho de yaguas de Tavera. Dormimos, envueltos en las capas de goma. ¡Ah! antes de dormir, viene, con una vela en la mano, José cargado de dos cataruos, uno de carne fresca otro de miel. Y nos pusimos a la miel ansiosos. Rica miel, en panal. Y en todo el día, ¡qué luz, qué aire, qué lleno el pecho, qué ligero el cuerpo angustiado! Miro del rancho afuera, y veo, en lo alto de la cresta atrás, una paloma y una estrella. El lugar se llama Vega de la...

15. Amanecemos entre órdenes. Una comisión se mandará a las Veguitas, a comprar en la tienda española. Otra al parque dejado en el camino. Otra a buscar práctico. Vuelve la comisión con sal, alpargatas, un cucurucho de dulce, tres botellas de licor, chocolate, ron y miel. José viene con puercos. La comida: puerco guisado con plátanos y malanga. De mañana frangollo, el dulce de plátano y queso, y agua de canela y anís, caliente. Viene a guiarnos chinito Columbié, montero, ojos malos: va hablando de su perro amarillo. Al caer la tarde, en fila la gente, sale a la cañada el general, con Paquito, Guerra y Ruenes. «¿Nos permite a los tres solos?» Me resigno mohíno. ¿Será algún peligro? Sube Ángel Guerra llamándome, y al capitán Cardoso. Gómez, al pie del monte, en la vereda sombreada de plátanos, con la cañada abajo, me dice, bello y enternecido, que aparte de reconocer en mí al delegado, el Ejército Libertador, por él su jefe, electo en consejo de jefes, me nombra mayor general. Lo abrazo. Me abrazan todos. A la noche, carne de puerco, con aceite de coco, y es buena.

16. Cada cual con su ofrenda: buniato, salchichón, licor de rosa, caldo de plátano. Al mediodía, marcha loma arriba, río al muslo, bello y ligero bosque de pomarrosas; naranjas y caimitos. Por abras tupidas y mangales sin frutas llegamos a un rincón de palmas, y al fondo de dos montes bellísimos. Allí es el campamento. La mujer, india cobriza de ojos ardientes, rodeada de siete hijos, en traje negro roto, con el pañuelo de toca atado a lo alto por las trenzas, pila café. La gente cuelga hamacas, se echa a la caña, junta candela, traen caña al trapiche para el guarapo del café. Ella mete la caña, descalza. Antes, en el primer paradero, en la casa de la madre e hijona espantada, el general me dio a beber miel, para que probara que luego de tomarla se calma la sed. Se hace ron de pomarrosa. Queda escrita la correspondencia de NY., y toda la de Baracoa.

17. La mañana en el campamento. Mataron res ayer y al salir el Sol, ya están los grupos a los calderos. Domitila, ágil y buena, con su pañuelo egipcio, salta al monte y trae un acopio de tomates, culantro y orégano. Uno me da un chopo de malanga. Otro, en taza caliente, guarapo y hojas. Muelen un mazo de cañas. Al fondo de la casa, la vertiente con sus sitieríos cargados de cocos y plátanos, de algodón y tabaco silvestre: al fondo, por el río, el cuajo de potreros: y por los claros, naranjos: alrededor los montes, redondos, apaci-

bles: y el infinito azul arriba con sus nubes blancas, y una paloma se esconde en la nube. Vuelo en lo azul. Me entristece la impaciencia. Saldremos mañana. Me meto la Vida de Cicerón en el bolsillo en que llevo cincuenta cápsulas. Escribo cartas. Prepara el general dulce de raspa de coco con miel. Se arregla la salida para mañana. Compramos miel al ranchero de los ojos azorados y la barbija. Primero, 4 reales por el galón; luego, después del sermón, regala dos galones. Viene Jaragüita: Juan Telesforo Rodríguez, que ya no quiere llamarse Rodríguez, porque ese nombre llevaba de práctico de los españoles, y se va con nosotros. Ya tiene mujer. Al irse, se escurre. El Pájaro, bizambo y desorejado, juega al machete; pie formidable; le luce el ojo como marfil donde da el Sol en la mancha de ébano. Mañana salimos de la casa de José Pineda: Goya, la mujer. (Jojó Arriba.)

18. A las nueve y media salimos. Despedida en fila. G. lee las promociones. El sargento Pto. Rico dice: «Yo muero donde muera el G. Martí». Buen adiós a todos, a Ruenes y a Galano, al capitán Cardoso, a Rubio, a Dannery, a José Martínez, a Ricardo Rodríguez. Por altas lomas pasamos seis veces el río Jobo. Subimos la recia loma de Pavano, con el Panalito en lo alto, y en la cumbre la cresta de naranja de china. Por la cresta subimos, y a un lado y otro flotaba el aire leve, veteado de manaca. A lo alto, de mata a mata colgaba, como cortinaje tupido, una enredadera fina; de hoja menuda y lanceolada. Por las lomas, el café cimarrón. La pomarrosa bosque. En torno, la hoya, y más allá los montes azulados, y el penacho de nubes. En el camino a los Calderos, de Ángel Castro, decidimos dormir, en la pendiente. A machete abrimos claro. De tronco a tronco tendemos las hamacas: Guerra y Paquito por tierra. La noche bella no deja dormir. Silva el grillo; el lagartijo quiquiquea, y su coro le responde; aún se ve, entre la sombra, que el monte, es de cupey y de paguá, la palma corta y espinuda; vuelan despacio en torno las animitas; entre los ruidos estridentes, oigo la música de la selva, compuesta y suave, como de finísimos violines; la música ondea, se enlaza y desata, abre el ala y se posa, titila y se eleva, siempre sutil y mínima: es la miríada del son fluido: ¿qué alas rozan las hojas? ¿qué violín diminuto, y oleadas de violines, sacan son, y alma, a las hojas? ¿qué danza de almas de hojas? Se nos olvidó la comida: comimos salchichón y chocolate, y una lonja de chopo asado. La ropa se secó a la fogata.

19. Las dos de la madrugada. Viene Ramón Rodríguez, el práctico, con Ángel: traen hachos, y café. Salimos a las cinco, por loma áspera. A los Calderos, en alto. El rancho es nuevo, y de adentro se oye la voz de la mambisa: «Pasen sin pena, aquí no tienen que tener pena». El café enseguida, con miel por dulce: ella seria, en sus chancletas, cuenta, una mano a la cintura y por el aire la otra, su historia de la guerra grande: murió el marido, que de noche pelaba sus puercos para los insurrectos, cuando se le venían a prender: y ella rodaba por el monte con sus tres hijos a rastro, «hasta que este buen cristiano me recogió, que aunque le sirva de rodillas nunca le podré pagar». Va y viene ligera; le chispea la cara; de cada vuelta trae algo, más café, culantro de Castilla, para que «cuando tengan dolor al estómago por esos caminos, masquen un grano y tomen agua encima». Trae limón. Ella es Caridad Pérez y Piñó. Su hija Modesta, de dieciséis años, se puso zapatos y túnico nuevo para recibirnos, y se sienta con nosotros conversando sin zozobra, en los bancos de palma de la salita. De las flores de muerto, junto al cercado, le trae Ramón una, que se pone ella al pelo. Nos cose. El general cuenta «el machetazo de Caridad Estrada en el Camagüey». El marido mató al chino denunciante de su rancho, y a otro: a Caridad la hirieron por la espalda; el marido se rodó muerto; la guerrilla huyó: Caridad recoge a su hija al brazo, y chorreando sangre, se les va detrás: «si hubiera tenido un rifle». Vuelve, llama a su gente, entierran al marido, manda por Boza: «¡vean, lo que me han hecho!».
Salta la tropa: ¡queremos ir a encontrar a ese capitán! No podía estar sentado en el campamento. Caridad enseñaba su herida. Y siguió viviendo, predicando, entusiasmando en el campamento. Entra el vecino dudoso Pedro Gámez y trae de ofrenda café y una gallina. Vamos haciendo almas. Valentín, el español que se le ha puesto a Gómez de asistente, se afana en la cocina. Los seis hombres de Ruenes hacen su sancocho al aire libre. Viene Isidro, muchachón de ojos garzos, muy vestido, con sus zapatos orejones de vaqueta: ése fue el que se nos apareció donde Pineda, con un dedo recién cortado: no puede ir a la guerra: «tiene que mantener a tres primos hermanos». A las dos y media después del chubasco, por lomas y el río Guayabo, al mangal a una legua de Imía. Allí Felipe Dom el alcalde de P. Juan Rodríguez nos lleva, en marcha ruda de noche, costeando vecinos, a cerca del alto de la Yaya.

13

20. La marcha con velas, a las tres de la mañana. De allí Teodoro Delgado, al Palenque: monte pedregoso, palos amargos y naranja agria: alrededor casi es grandioso el paisaje; vamos cercados de montes, serrados, tetudos, picudos: monte plegado a todo el rededor: el mar al Sur. A lo alto, paramos bajo unas palmas. Viene llena de cañas la gente. Los vecinos: Estévez, Fromita, Antonio Pérez, de noble porte, sale a San Antonio. De una casa nos mandan café, y luego gallina con arroz. Se huye Jaragüita. ¿Lo azoraron? ¿Va a buscar a las tropas? Un montero trae de Imía la noticia de que han salido a perseguirnos por el Jobo. Aquí esperaremos, como lo teníamos pensado, el práctico para mañana. Jaraguá, cabeza cónica: un momento antes me decía que quería seguir ya con nosotros hasta el fin. Se fue a la centinela, y se escurrió. Descalzo, ladrón de monte, práctico español: la cara angustiada, el hablar ceceado y chillón, bigote ralo, labios secos, la piel en pliegues, los ojos vidriosos, la cabeza cónica. Caza sinsontes, pichones, con la liria del lechugo. Ahora tiene animales, y mujer. Se descolgó por el monte. No lo encuentran. Los vecinos le temen. En un grupo hablan de los remedios de la nube en los ojos: agua de sal, leche del ítamo, «que le volvió la vista a un gallo», la hoja espinuda de la romerilla bien majadas, «una gota de sangre del primero que vio la nube». Luego hablan de los remedios para las úlceras: la piedra amarilla del río Jojo, molida a polvo fino, el excremento blanco y peludo del perro, la miel de limón: el excremento, cernido, y malva. Dormimos por el monte, en yaguas. Jaraguá, palo-fuerte.

21. A las seis salimos con Antonio, camino de San Antonio. En el camino nos detenemos a ver derribar una palma, a machetazos al pie, para coger una colmena, que traen seca, y las celdas llenas de hijos blancos. Gómez hace traer miel, exprime en ella los pichones, y es leche muy rica. A poco, sale por la vereda el anciano negro y hermoso, Luis González, con sus hermanos, y su hijo Magdaleno, y el sobrino Eufemio. Ya él había enviado aviso a Perico Pérez, y con él, cerca de San Antonio, esperaremos la fuerza. Luis me levanta del abrazo. Pero ¡qué triste noticia! ¿Será verdad que ha muerto Flor? ¿el gallardo Flor?: que Maceo fue herido en traición de los indios de Garrido: que José Maceo rebanó a Garrido de un machetazo. Almorzábamos buniato y puerco asado cuando llegó Luis: ponen por tierra, en un mantel blanco, el casabe de su casa. Vamos lomeando a los charrascales otra vez, y de lo alto divisamos

al ancho río de Sabanalamar, por sus piedras lo vadeamos, nos metemos por sus cañas, acampamos a la otra orilla. Bello, el abrazo de Luis, con sus ojos sonrientes, como su dentadura, su barba cana al rape, y su rostro espacioso y sereno de limpio color negro. Él es padre de todo el contorno, viste buena rusia, su casa libre es la más cercana al monte. De la paz del alma viene la total hermosura a su cuerpo ágil y majestuoso. De su tasajo de vaca y sus plátanos comimos mientras él fue al pueblo, y a la noche volvió por el monte sin luz, cargado de vianda nueva, con la hamaca al costado, y de la mano el caiauro de miel lleno de hijos.

Vi hoy la yaguama, la hoja fénica, que estanca la sangre, y con su mera sombra beneficia al herido: «machuque bien las hojas, y métalas en la herida, que la sangre se seca». Las aves buscan su sombra. Me dijo Luis el modo de que las velas de cera no se apagasen en el camino, y es empapar bien un lienzo, y envolverlo apretado alrededor, y con eso, la vela va encendida y se consume menos cera. El médico preso, en la traición a Maceo, ¿no será el pobre Frank? ¡Ah, Flor!

22. Día de espera impaciente. Baño en el río, de cascadas y hoyas, y grandes piedras, y golpes de cañas a la orilla. Me lavan mi ropa azul, mi chamarreta. A mediodía vienen los hermanos de Luis, orgullosos de la comida casera que nos traen: huevos fritos, puerco frito y una gran torta de pan de maíz. Comemos bajo el chubasco, y luego de un macheteo, izan una tienda, techada con las capas de goma. Toda la tarde es de noticias inquietas: viene desertado de las escuadras de Guantánamo un sobrino de Luis, que fue hacerse de arma, y dice que bajan fuerzas: otro dice que de Batiquirí, donde está de teniente el cojo Luis Bertot, traidor en Bayamo, han llegado a San Antonio dos exploradores, a registrar el monte. Las escuadras, de criollos pagados, con un ladrón feroz a la casa, hacen la pelea de España, la única pelea temible en estos contornos. A Luis, que vino al anochecer, le llegó carta de su mujer: que los exploradores, y su propio hermano es uno de ellos, van citados por Garrido, el teniente ladrón, a juntársele a la Caridad, y ojear a todo Cajuerí; que en Vega Grande y los Quemados y en muchos otros pasos nos tienen puestas emboscadas. Dormimos donde estábamos, divisando el camino. Hablamos hoy de Céspedes y cuenta Gómez la casa de portal en que lo halló en las Tunas cuando fue, en mala ropa, con quince rifleros a decirle cómo subía, peligrosa,

la guerra desde Oriente. Ayudantes pulcros, con polainas. Céspedes: kepis y tenacillas de cigarro. La guerra abandonada a los jefes, que pedían en vano dirección, contrastaba con la festividad del cortejo tunero. A poco, el gobierno tuvo que acogerse a Oriente. «No había nada, Martí»: ni plan de campaña, ni rumbo tenaz y fijo. Que la sabina, olorosa como el cedro, da sabor, y eficacia medicinal, al aguardiente. Que el té de yagruma, de las hojas grandes de la yagruma, es bueno para el asma. Juan llegó, el de las escuadras: él vio muerto a Flor, muerto, con su bella cabeza fría, y su labio roto, y dos balazos en el pecho: el 10 lo mataron. Patricio Corona, errante once días de hambre, se presentó a los voluntarios. Maceo y dos más se juntaron con Moncada. Se vuelven a las casas los hijos y los sobrinos de Luis. Ramón, el hijo de Eufemio, con su suave tez achocolatada, como bronce carmíneo, y su fina y perfecta cabeza, y su ágil cuerpo púber, Magdaleno, de magnífico molde, pie firme, caña enjuta, pantorrilla volada, muslo largo, tórax pleno, brazos graciosos, en el cuello delgado la cabeza pura, de bozo y barba crespa: el machete al cinto, y el yarey alón y picudo. Luis duerme con nosotros.

23. A la madrugada, listos; pero no llega Eufemio, que debía ver salir a los exploradores, ni llega respuesta de la fuerza. Luis va a ver, y vuelve con Eufemio. Se han ido los exploradores. Emprendemos marcha tras ellos. De nuestro campamento de dos días, en el Monte de la Vieja salimos, monte abajo, luego. De una loma al claro donde se divisa, por el sur, el palmar de San Antonio, rodeado de jatiales y charrascos, en la hoya fértil de los cañadones, y a un lado y otro montes, y entre ellos el mar. Ese monte, a la derecha, con un tajo como de sangre, por cerca de la copa, es doña Mariana; ése, al Sur, alto entre tantos, es el Pan de Azúcar. De ocho a dos caminamos, por el jatial espinudo, con el pasto bueno, y la flor roja y baja del guisaso de tres puyas: tunas, bestias sueltas. Hablamos de las escuadras de Gómez cuando la otra guerra. Gómez elogia el valor de Miguel Pérez: «dio un traspiés, lo perdonaron, y él fue leal siempre al gobierno»: «en una yagua recogieron su cadáver: lo hicieron casi picadillo»: «eso hizo español a Santos Pérez». Y al otro Pérez, dice Luis, Policarpo le puso las partes de antiparras. «Te voy a cortar las partes» le gritó en pelea a Policarpo. «Y yo a ti las tuyas, y te las voy a poner de antiparras: y se las puso.» «Pero ¿por qué pelean contra los cubanos esos cubanos? Ya veo que no es por opinión, ni por cariño imposible a España.» «Pelean esos

puercos, pelean así por el peso que les pagan, 1 peso al día menos el rancho que les quitan. Son los vecinos malos de los caseríos, o los que tienen un delito que pagar a la justicia, o los vagabundos que no quieren trabajar, y unos cuantos indios de Batiquiri y de Cajuerí.» Del café hablamos, y de los granos que lo sustituyen, el platanillo y la boruca. De pronto bajamos a un bosque alto y alegre, los árboles caídos sirven de puente a la primer poza, por sobre hojas mullidas y frescas pedreras, vamos, a grata sombra, al lugar de descanso: el agua corre, las hojas de la yagruma blanquean el suelo, traen de la cañada a rastras, para el chubasco, pencas enormes, me acerco al rumor, y veo entre piedras y helechos, por remansos de piedras finas y alegres cascadas, correr el agua limpia. Llegan de noche los diecisiete hombres de Luis, y él, solo, con sus sesenta y tres años, una hora adelante: todos a la guerra: y con Luis va su hijo.

24. Por el cañadón, por el monte de Acosta, por el mucaral de piedra roída, con sus pozos de agua limpia en que bebe el sinsonte, y su cama de hojas secas, halamos, de Sol a Sol, el camino fatigoso. Se siente el peligro. Desde el Palenque nos van siguiendo de cerca las huellas. Por aquí pueden caer los indios de Garrido. Nos asilamos en el portal de Valentín, mayoral del ingenio Santa Cecilia. Al Juan fuerte, de buena dentadura, que sale a darnos la mano tibia; cuando su tío Luis lo llama al cercado: «Y tú, ¿por qué no vienes?». «¿Pero no ve cómo me come el bicho?» El bicho, la familia. ¡Ah, hombres alquilados, salario corruptor! Distinto, el hombre propio, el hombre de sí mismo. Y esta gente, ¿qué tiene que abandonar? ¿la casa de yaguas, que les da el campo, y hacen con sus manos? ¿los puercos, que pueden criar en el monte? Comer, lo da la tierra: calzado, la yagua y la majagua: medicina, las yerbas y cortezas; dulce, la miel de abeja. Más adelante, abriendo hoyos para la cerca, el viejo barbón y barrigudo, sucia la camiseta y el pantalón a los tobillos; y el color terroso, y los ojos viboreznos y encogidos: «¿Y ustedes que hacen?». «Pues aquí estamos haciendo estas cercas.» Luis maldice, y levanta el brazo grande por el aire. Se va a anchos pasos, temblándole la barba.

25. Jornada de guerra. A monte puro vamos acercándonos, ya en las garras de Guantánamo, hostil en la primera guerra, hacia Arroyo Hondo. Perdíamos el rumbo. Las espinas, nos tajaban. Los bejucos nos ahorcaban y azotaban. Pasamos por un bosque de jigüeras, verdes, pegadas al tronco desnudo, o

a tramo ralo. La gente va vaciando jigüeras, emparejándoles la boca. A las once, redondo tiroteo. Tiro graneado, que retumba; contra tiros velados y secos. Como a nuestros mismos pies es el combate: entran, pesadas, tres balas que dan en los troncos. «¡Qué bonito es un tiroteo de lejos!» dice el muchachón agraciado de San Antonio, un niño. «Más bonito es de cerca», dice el viejo. Siguiendo nuestro camino subimos a la margen del arroyo. El tiroteo se espesa. Magdaleno, sentado contra un tronco, recorta adornos en su jigüera nueva. Almorzamos huevos crudos, un sorbo de miel, y chocolate de «La Imperial» de Santiago de Cuba. A poco, las noticias: dos vienen del pueblo. Y ya han visto entrar un muerto, y veinticinco heridos: Maceo vino a buscarnos, y espera en los alrededores: a Maceo, alegremente. Dije en carta a Carmita: «En el camino mismo del combate nos esperaban los cubanos triunfadores: se echan de los caballos abajo, los caballos que han tomado a la guardia civil: se abrazan y nos vitorean: nos suben a caballo y nos calzan la espuela». ¿Cómo no me inspira horror, la mancha de sangre que vi en el camino? ¿ni la sangre a medio secar de una cabeza que ya está enterrada con la cartera que le puso de descanso un jinete nuestro? Y al Sol de la tarde emprendimos la marcha de victoria, de vuelta al campamento. A las doce de la noche habían salido, por ríos y cañaverales y espinares, a salvarnos: acababan de llegar, ya cerca, cuando les cae encima el español: sin almuerzo pelearon dos horas, y con galletas engañaron el hambre del triunfo: y emprendían el viaje de ocho leguas, con tarde primera alegre y clara, y luego, por bóvedas de púas, en la noche oscura. En fila de uno iba la columna larga. Los ayudantes pasan corriendo y voceando. Nos revolvemos, caballos y de a pie, en los altos ligeros. Entra el cañaveral, y cada soldado sale con una caña de él. (Cruzamos el ancho ferrocarril: oímos los pitazos del oscurecer en los ingenios: vemos, al fin del llano, los faros eléctricos.) «Párese la columna, que hay un herido atrás.» Uno hala una pierna atravesada, y Gómez lo monta a su grupa. Otro herido no quiere: «No, amigo: yo no estoy muerto»: y con la bala en el hombro sigue andando. ¡Los pobres pies, tan cansados! Se sientan, rifle al lado, al borde del camino: y nos sonríen gloriosos. Se oye algún ay, y más risas, y el habla contenta. «Abran camino», y llega montado el recio Cartagena, teniente coronel que lo ganó en la guerra grande, con un hachón prendido de cardona, clavado como una lanza, al estribo de cuero. Y otros hachones, de tramos en tramos. O encienden los árboles secos, que escaldan y chisporretean, y echan al cielo su fuste de llama y una pluma de humo. El río nos canta. Aguardamos a los cansados. Ya están a nuestro alrededor, los yareyes en la sombra. Ya es la última agua, y del otro lado el sueño. Hamacas, candelas, calderadas, el campamento duerme: al pie de un árbol grande iré luego a dormir, junto al machete y el revólver, y de almohada mi capa de hule, ahora hurgo el jolongo, y saco de él la medicina para los heridos. Cariñosas las estrellas, a las tres de la madrugada. A las cinco, abiertos los ojos, Colt al costado, machete al cinto, espuela a la alpargata, y a caballo!

Murió Alcil Duvergié, el valiente: de cada fogonazo, un hombre: le entró la muerte por la frente: a otro, tirador, le vaciaron una descarga encima: otro cayó, cruzando temerario el puente. ¿Y a dónde, al acampar, estaban los heridos? Con trabajo los agrupo, al pie del más grave, que creen pasmado, y viene a andas en una hamaca, colgando de un palo. Del jugo del tabaco, apretado a un cabo en la boca, se le han desclavado los dientes. Bebe descontento un sorbo de marrasquino. ¿Y el agua, que no viene, el agua de los heridos, que al fin traen en un cubo turbio? La trae fresca el servicial Evaristo Zayas, de Ti Arriba. ¿Y el practicante, dónde está el practicante, que no viene a sus heridos? Los otros tres se quejan, en sus capotes de goma. Al fin llega, arrebujado en una colcha, alegando calentura. Y entre todos, con Paquito Borrero, de tierna ayuda, curamos al herido de la hamaca, una herida narigona, que entró y salió por la espalda: en una boca cabe un dedal y una avellana en la otra: lavamos, iodoformo, algodón fenicado. Al otro, en la cabeza del muslo: entró y salió. Al otro, que se vuelve de bruces, no le salió la bala de la espalda: allí está al salir, en el manchón rojo e hinchado: de la sífilis tiene el hombre comida la nariz y la boca: al último, boca y orificio, también en la espalda: tiraban, rodilla en tierra, y el balazo bajo les atravesaba las espaldas membrudas. A Antonio Suárez, de Colombia, primo de Lucila Cortés, la mujer de Merchán, la misma herida. Y se perdió a pie, y nos halló luego.

26. A formar, con el Sol. A caballo, soñolientos. Cojea la gente, aun no repuesta. Apenas comieron anoche. Descansamos, a eso de las diez, a un lado y otro del camino. De la casita pobre envían de regalo una gallina al «general Matías», y miel. De tarde y noche escribo, a Nueva York, a Antonio Maceo, que está cerca, e ignora nuestra llegada; y la carta de Manuel Fuentes al World,

que acabé con lápiz sobre la mano, al alba. A ratos ojeé ayer el campamento tranquilo y dichoso: llama la corneta: traen cargas de plátanos al hombro: mugen las reses cogidas, y las degüellan: Victoriano Garzón, el negro juicioso de bigote y perilla, y ojos fogosos, me cuenta, humilde y ferviente, desde su hamaca, su asalto triunfante al Ramón de las Yaguas: su palabra es revuelta e intensa, su alma bondadosa, y su autoridad natural: mima, con verdad, a sus ayudantes blancos, a Mariano Sánchez y a Rafael Portuondo; y si yerran en un punto de disciplina, les levanta el yerro. De carnes seco, dulce de sonrisa: la camisa azul, y negro el pantalón: cuida, uno a uno de sus soldados. José Maceo, formidable, pasea el alto cuerpo: aún tiene las manos arpadas, de la maraña del pinar y del monte, cuando se abrió en alas la expedición perseguida de Costa Rica, y a Flor lo mataron, y Antonio llevó a dos consigo, y José quedó al fin solo: hundido bajo la carga, moribundo de frío en los pinos húmedos, los pies gordos y rotos: y llegó, y ya vence.

27. El campamento al fin, en la estancia de Filipinas. Atiendo enseguida al trabajo de la jurisdicción: Gómez escribe junto a mí, en su hamaca. A la tarde, Pedro Pérez, el primer sublevado de Guantánamo de dieciocho meses de escondite, salió al fin, con treinta y siete, seguido de muerte, y hoy tiene 200. En el monte, con los diecisiete de su casa, está su mujer, que nos manda la primera bandera. ¡Y él, sirvió a España en las escuadras, en la guerra grande! Lealtad de familia a Miguel Pérez. Apoyado en su bastón, bajo de cuerpo, con su leontina de plata, caídas las patillas pocas por los lados del rostro enjuto y benévolo, fue, con su gente brava, a buscar a Maceo en vano por toda Baracoa, en los dientes de los indios: su jipijapa está tinto de púrpura, y bordada de mujer es la trenza de color de su sombrero, con los cabos por la espalda. Él no quiere gente a caballo, ni monta él: ni tiene a bien los capotes de goma, sino la lluvia pura; sufrida en silencio.

28. Amanezco al trabajo. A las nueve forman, y Gómez, sincero y conciso arenga: Yo hablo, al Sol. Y al trabajo. A que quede ligada esta fuerza en el espíritu unido: a fijar, y dejar ordenada, la guerra enérgica y magnánima: a abrir vías con el Norte, y servicio de parque: a reprimir cualquier intentona, de perturbar la guerra con promesas. Escribo la circular a los jefes, a que castiguen con la pena de traición la intentona, la circular a los hacendados, la nota de Gómez a las fincas, cartas a amigos probables, cartas para abrir el servicio de correo

y parque, cartas para la cita a Brooks, nota al gobierno inglés por el cónsul de Guantánamo, incluyendo la declaración de José Maceo sobre la muerte casual, de un tiro escapado a Corona, de un marino de la goleta Honor, en que vino la expedición de Fortune Island, instrucciones a José Maceo, al que se nombra mayor general, nota de Ruenes invitándole a enviar el representante de Baracoa a la Asamblea de Delegados del pueblo cubano revolucionario, para elegir el gobierno que deba darse la revolución, carta a Masó. Vino Luis Bonne, a quien se buscaba, por sagaz y benévolo, para crearme una escolta. Y de ayudante trae a Ramón Garriga y Cuevas, a quien de niño solía yo agasajar, cuando le veía travieso o desamado en Nueva York, y es manso, afectuoso, lúcido y valiente.

29. Trabajo: Ramón queda a mi lado. En el ataque de Arroyo Hondo un flanco nuestro, donde estaba el hermano de un teniente criollo, mató al teniente, en la otra fuerza. Se me fue, con su hijada, Luis González. «Ese rostro quedará estampado aquí.» Y me lo decía con rostro celeste.

30. Trabajo. Antonio Suárez, el colombiano, habla quejoso y díscolo, que desatendido, que coronel. Maceo, alegando operación urgente, no nos esperará. Salimos mañana.

1. Mayo. Salimos del campamento, de Vuelta Corba. Allí fue donde Policarpo Pineda, el Rustán, el Polilla, hizo abrir en pedazos a Francisco Pérez, el de las escuadras. Polilla, un día, fusiló a Jesús: llevaba al pecho un gran crucifijo, una bala le metió todo un brazo de la cruz en la carne: y a la cruz, luego, le descargó los cuatro tiros. De eso íbamos hablando por la mañana cuando salió al camino, ya en la región florida de los cafetales, con plátanos y cacao, a una mágica hoya, que llaman la Fontina, y en lo hondo del vasto verdor enseña apenas el techo de guano, y al lado, con su flor morada, el árbol del caracolillo. A poco más, el Kentucky, el cafetal de Pezuela, con los secadores grandes de mampostería frente a la casa, y la casa, alegre y espaciosa, de blanco y balcones; y el gran bajo con las máquinas, y a la puerta Nazario Soncourt, mulato fino, con el ron y el jarro de agua en un taburete, y vasos. Salen a vernos los Thereau, de su vistoso cafetal, con las casitas de mampostería y teja: el menor, colorado, de apuro y los ojos ansiosos y turbios, tartamudea: «¿pero podemos trabajar aquí, verdad? podemos seguir trabajando». Y eso no más dice, como un loco. Llegamos al monte. Estanislao Cruzat, buen montuno, caballerizo de

Gómez, taja dos árboles por cerca del pié, clava al frente de cada uno dos horquetas y otras de apoyo al tronco, y cruces, y varas a lo largo, y ya está el banco. Del descanso corto, a la vereda espesa, en la fértil tierra de Ti-Arriba. El Sol brilla sobre la lluvia fresca: las naranjas cuelgan de sus árboles ligeros: hierba alta cubre el suelo húmedo: delgados troncos blancos cortan, salteados, de la raíz al cielo azul, la selva verde, se trenza a los arbustos delicados el bejuco, a espiral de aros iguales, como de mano de hombre, caen a tierra de lo alto; meciéndose el aire, los cupeyes: de un curujey, prendido a un jobo, bebo el agua clara: chirrían, en pleno Sol los grillos. A dormir, a la casa del «español malo»: huyó a Cuba: la casa, techo de zinc y suelo puerco: la gente se echa sobre los racimos de plátanos montados en vergas por el techo, sobre dos cerdos, sobre palomas y patos, sobre un rincón de yucas. Es la Demajagua. 2. Adelante, hacia Jaragüeta. En los ingenios. Por la caña vasta, y abandonada de Sabanilla: va Rafael Portuondo a la casa, a traer las cinco reses: vienen en mancuerna: ¡pobre gente, a la lluvia! Llegamos a Leonor, y ya, desechando la tardía comida, con queso y pan nos habíamos ido a la hamaca, cuando llega, con caballería de Zefí, el corresponsal de Herald, George Eugene Bryson. Con él trabajo hasta las tres de la mañana. 3. A las cinco, con el coronel Ferié, que vino anoche a su cafetal de Jaragüeta, en una altura, y un salón como escenario, y al pie en vasto cuadro, el molino ocioso, del cacao y café. De lo alto, a un lado y otro, cae, bajando, el vasto paisaje, y dos aguas cercanas, de lechos de piedras en lo hondo, y palmas sueltas y fondo de monte, muy lejano. Trabajo el día entero, en el manifiesto al Herald, y más para Bryson. A la una, al buscar mi hamaca, veo a muchos por el suelo, y creo que se han olvidado de colgarla. Del sombrero hago almohada: me tiendo en un banco: el frío me echa a la cocina encendida: me dan la hamaca vacía: un soldado me echa encima un mantón viejo: a las cuatro, diana. 4. Se va Bryson. Poco después, el consejo de guerra de Masabó. Violó y robó. Rafael preside, y Mariano acusa. Masabó sombrío, niega: rostro brutal. Su defensor invoca nuestra llegada, y pide merced. A muerte. Cuando leían la sentencia, al fondo, del gentío, un hombre pela una caña. Gómez arenga: «Este hombre no es nuestro compañero: es un vil gusano». Masabó, que no se ha sentado, alza con odio los ojos hacia él. Las fuerzas, en gran silencio, oyen y aplauden: «¡Que viva!». Y mientras ordenan la marcha, en pie queda

Masabó, sin que se le caigan los ojos, ni en la caja del cuerpo se vea miedo: los pantalones, anchos y ligeros, le vuelan sin cesar, como a un viento rápido. Al fin van, la caballería, el reo, la fuerza entera, a un bajo cercano; al Sol. Grave momento, el de la fuerza callada, apiñada. Suenan los tiros, y otro más, y otro de remate. Masabó ha muerto valiente. «¿Cómo me pongo coronel? De frente o de espalda?» «De frente.» En la pelea era bravo. 5. Maceo nos había citado para Bocucy, a donde no podremos llegar a las doce, a la hora a que nos cita. Fue anoche el propio, a que espere en su campamento. Vamos, con la fuerza toda. De pronto, unos jinetes. Maceo, con un caballo dorado, en traje de holanda gris: ya tiene plata la silla, airosa y con estrellas. Salió a buscarnos, porque tiene a su gente de marcha: al ingenio cercano, a Mejorana, va Maspón a que adelanten almuerzo para cien. El ingenio nos ve como de fiesta: a criados y trabajadores se les ve el gozo y la admiración: el amo, anciano colorado y de patillas, de jipijapa y pie pequeño, trae Vermouth, tabacos, ron, malvasía. «Maten tres, cinco, diez, catorce gallinas.» De seno abierto y chancleta viene una mujer a ofrecernos aguardiente verde, de yerbas: otra trae ron puro. Va y viene el gentío. De ayudante de Maceo lleva y trae, ágil y verboso, Castro Palomino, Maceo y G. hablan bajo, cerca de mí me llaman a poco, allí en el portal: que Maceo tiene otro pensamiento de gobierno: una junta de los generales con mando, por sus representantes, y una secretaría general: la patria, pues, y todos los oficios de ella, que crea y anima al ejército, como secretaría del ejército. Nos vamos a un cuarto a hablar. No puedo desenredarle a Maceo la conversación: «¿pero usted se queda conmigo o se va con Gómez?». Y me habla, cortándome las palabras, como si fuese yo la continuación del gobierno leguleyo, y su representante. Lo veo herido, «lo quiero —me dice— menos de lo que le quería». Por su reducción a Flor en el encargo de la expedición, y gasto de sus dineros. Insisto en deponerme ante los representantes que se reúnan a elegir gobierno. No quiere que cada jefe de operaciones mande el suyo, nacido de su fuerza: él mandará los cuatro de Oriente: «dentro de quince días estarán con usted y serán gentes que no me las pueda enredar allá el doctor Martí». En la mesa, opulenta y premiosa, de gallina y lechón, vuélvese al asunto: me hiere, y me repugna: comprendo que he de sacudir el cargo, con que se me intenta marcar, de defensor ciudadanesco de las trabas hostiles al movimiento militar. Mantengo, rudo: el ejército, libre, y el país, como país y con toda su dignidad representado. Muestro mi descontento de semejante indiscreta y forzada conversación, a mesa abierta, en la prisa de Maceo por partir. Que va a caer la noche sobre Cuba, y ha de andar seis horas. Allí, cerca, están sus fuerzas: pero no nos lleva a verlas: las fuerzas reunidas de Oriente, Rabí, de Jiguaní, Busto, de Cuba, las de José, que trajimos. A caballo, adiós rápido. «Por ahí se van ustedes.» y seguimos, con la escolta mohína; ya entrada la tarde, sin los asistentes, que quedaron con José, sin rumbo cierto, a un galpón del camino, donde no desensillamos. Van por los asistentes: seguimos, a otro rancho fangoso, fuera de los campamentos, abierto a ataque. Por carne manda G. al campo de José: la traen los asistentes. Y así como echados, y con ideas tristes, dormimos.

7. De Jagua salimos, y de sus mambises viejos y leales por el Mijial. En el Mijial, los caballos comen la piña forastera, y de ella, y de cedros hacen tapas, para galones. A César le dan agua de hojas de guanábana, que es pectoral bueno, y cocimiento grato. En el camino nos salió Prudencio Bravo, el guardián de los heridos a decirnos adiós. Vimos a la hija de Nicolás Cedeño, que habla contenta, y se va con sus cinco hijos a su monte de Holguín. Por el camino de Barajagua —«aquí se peleó mucho», «todo esto llegó a ser nuestro»— vamos hablando de la guerra vieja. Allí, del monte tupido de los lados, o de los altos y curvos enlomados del camino, se picaban a las columnas; que al fin, cesaron: por el camino se va a Palma y a Holguín. Zefí dice que por ahí trajo él a Martínez Campos, cuando vino a su primer conferencia con Maceo: «El hombre salió colorado como un tomate, y tan furioso que tiró el sombrero al suelo, y me fue a esperar a media legua». Andamos cerca de Baraguá. Del camino salimos a la sabana de Pinalito, que cae, corta, al arroyo de las Piedras, y tras él a la loma de la Risueña, de suelo rojo y pedregal, combada como un huevo, y al fondo graciosas cabezas de monte, de extraños contornos: un bosquecillo, una altura que es como una silla de montar, una escalera de lomas. Damos de lleno en La Sabana de Vio, concha verde, con el monte en torno, y palmeras en él, y en lo abierto un cayo u otro, como florones, o un espino solo, que da buena leña: las sendas negras van por la hierba verde, matizada de flor morada y blanca. A la derecha, por lo alto de la sierra espesa, la cresta de pinos. Lluvia recia. Adelante va la vanguardia, uno con la yagua a la cabeza, otro con una caña por el arzón, o la yagua en descanso, o la escopeta. El alambre del telégrafo se

revuelca en la tierra. Pedro pasa, con el portabandera desnudo, una vara de...: a Zefí, con la cuchara de plomo en la cruz de la bandolera, le cose la escarapela el ala de atrás. A Chacón, descalzo, le relumbra, de la cintura a la rodilla el pavón del rifle. A Zambrana, que se hala, le cuelga por la cadera el cacharro de hervir. Otro por sobre el saco, lleva una levita negra. Miro atrás, por donde vienen, de cola de la marcha, los mulos y los bueyes, y las tercerolas de retaguardia, y sobre el cielo gris veo, a paso pesado, tres... y uno, como poncho, lleva por la cabeza una yagua. Por la sabana que sigue, por Hato del Medio, famosa en la guerra seguimos con la yerba ahogada del aluvión-, al campamento, allá detrás de aquellas pocas reses. «Aquí -me dijo Gómez-, nació el cólera, cuando yo vine con doscientas armas y 4.000 libertos, para que no se los llevasen los españoles, y estaba esto cerrado de reses, y mataron tantas, que del hedor se empezó a morir la gente, y fui regando la marcha con cadáveres: 500 cadáveres dejé en el camino a Tacajó.» Y entonces me cuenta lo de Tacajó, el acuerdo entre Céspedes y Donato Mármol. Céspedes, después de la toma de Bayamo, desapareció. Eduardo Mármol, culto y funesto, aconsejó a Donato, la dictadura. Félix Figueredo pidió a Gómez que apoyase a Donato, y entrase en lo de la dictadura, a lo que Gómez le dijo que ya lo había pensado hacer, y lo haría, no por el consejo de él, sino para estar dentro, y de adentro impedirlo mejor: «Sí -decía Félix-, porque a la revolución le ha nacido una víbora». «Y lo mismo era él», me dijo Gómez. De Tacajó envió Céspedes a citar a Donato a conferencia cuando ya estaba con él, y quiso Gómez ir primero, y enviar luego recado. Al llegar donde Céspedes, como Gómez se venía con la guardia que halló como a un cuarto de legua, creyó notar confusión y zozobra en el campamento, hasta que Marcano salió a Gómez que le dijo: «Ven acá, dame un abrazo». Y cuando los Mármol llegaron, a la mesa de los cincuenta cubiertos, y se habló allí de la diferencia, desde las primeras consultas se vio que, como Gómez, los demás opinaban por el acatamiento a la autoridad de Céspedes. «Eduardo se puso negro.» «Nunca olvidaré el discurso de Eduardo Arteaga: "El Sol -dijo- con todo su esplendor, suele ver oscurecida su luz por repentino eclipse; pero luego brilla con nuevo fulgor, más luciente por su pasajero oscurecimiento: así ha sucedido al Sol Céspedes".»
Habló José Joaquín Palma. «¿Eduardo? Dormía la siesta un día, los negros hacían bulla en el batey. Mandó a callar y, aún halaban. Ah, ¿no quieren enten-

der?» «Tomó el revólver, él era muy buen tirador: y hombre al suelo... una bala en el pecho. Siguió durmiendo.» Ya llegamos, a son de corneta, a los ranchos, y la tropa formada bajo la lluvia, de Quintín Banderas. Nos abraza, muy negro, de bigote y barbija, en botas, capa y jipijapa, Narciso Moncada, el hermano de Guillermo; «ah, sólo que falta un número!». Quintín, sesentón, con la cabeza metida en los hombros, troncudo de cuerpo, la mirada baja y la palabra poca, nos recibe a la puerta del rancho: arde de la calentura: se envuelve en su hamaca: el ojo, pequeño y amarillo, parece como que le viene de hondo, y hay que asomarse a él: a la cabeza de su hamaca hay un tamboril. Deodato Carvajal es su teniente, de cuerpo fino, y mente de ascenso, capaz y ordenada: la palabra, por afinarse, se revuelve, pero hay en él método y mando, y brío para su derecho y el ajeno: me dice que por él recibía mis cartas Moncada. Narciso Moncada, verboso y fornido, es de bondad y pompa: «en verbo de licor, no gasto nada»: su hermano está enterrado «más abajo de la altura de un hombre, con planos de ingeniero, donde sólo lo sabemos unos pocos, y si yo me muero, otro sabe, y si ése se muere, otro, y la sepultura siempre se salvará». «¿Y a nuestra madre, que nos la han tratado como si fuera la madre de la patria?» «Dominga Moncada ha estado en el Morro tres veces: y todo porque aquel general que se murió la llamó para decirle que tenía que ir a proponerle a sus hijos, y ella le dijo: «Mire, general, si yo veo venir a mis hijos, por una vereda, y lo veo venir a usted por el otro lado, les grito: "huyan, mis hijos, que éste es el general español"». A caballo entramos al rancho, por el mucho fango de afuera, para podernos desmontar, y del lodo y el aire viene hedor, de la mucha res que han muerto cerca: el rancho, gacho, está tupido de hamacas. A un rincón, en un cocinazo, hierven calderos. Nos traen café, agengibre, cocimiento de hojas de guanábana. Moncada, yendo y viniendo, alude al abandono en que dejó Quintín a Guillermo. Quintín me habla así: «y luego tuvo el negocio que se presentó con Moncada, o lo tuvo él conmigo, cuando me quiso mandar con Masó, y pedí mi baja». Carvajal había hablado de las decepciones sufridas por Banderas. Ricardo Sarterius, desde su hamaca, me habla de Purnio, cuando les llegó el telegrama falso de Cienfuegos para alzarse: me habla de la alevosía con su hermano Manuel, a quien Miró hurtó sus fuerzas, y «forzó a presentarse»: «le iba esto», la garganta. Vino Calunga, de Masó, con cartas para Maceo: no acudirá a la cita de M. muy pronto, porque está amparando una expedición del Sur que acaba de llegar. Se pelea mucho en Bayamo. Está en armas Camagüey. Se alzó el marqués, y el hijo de Agramonte. Hiede.

8. A trabajar, a una altura vecina, donde levantan el nuevo campamento: ranchos de troncos, atados con bejuco, techados con palma. Nos limpian un árbol, y escribimos al pié. Cartas a Miró: de G., como a coronel, seguro de que ayudará «al brigadier Ángel Guerra, nombrado jefe de operaciones», mía, con el fin de que sin desnudarle el pensamiento, vea la conveniencia y justicia de aceptar y ayudar a Guerra. Miró hace de árbitro de la comarca, como coronel. Guerra sirvió los diez años, y no lo obedecería. Cartas a prominentes de Holguín, y circulares: A Guadalupe Pérez, acaudalado, A Rafael Manduley, procurador, a Francisco Frexes, abogado. En la mesa, sin rumbo, funge el consejo de guerra de Isidro Tejera, y Onofre y José de la O. Rodríguez: los pacíficos dijeron parte del terror en que pusieron al vecindario: el capitán Juan Peña y Jiménez. Juan el Cojo, que sirvió «en las tres guerras», de una pierna sólo tiene el muñón, y monta a caballo de un salto, oyó el susto a los vecinos, y vio las casas abandonadas, y define que los tres le negaron las armas, y profirieron amenazas de muerte. El consejo, enderezado de la confusión, los sentencia a muerte. Vamos al rancho nuevo, de alas bajas, sin paredes. José Gutiérrez, el cometa afable que se lleva Paquito, toca a formación. Al silencio de las filas traen los reos; y lee Ramón Garriga la sentencia y el perdón. Habla Gómez de la necesidad de la honra en las banderas: «ese criminal ha manchado nuestra bandera». Isidro, que venía llorando, pide licencia de hablar: habla gimiendo, y sin idea, que muere sin culpa, que no le dejarán morir, que es imposible que tantos hermanos no le pidan el perdón. Tocan marcha. Nadie habla. Él gime, se retuerce en la cuerda, no quiere andar. Tocan marcha otra vez, y las filas siguen, de dos en fondo. Con el reo que implora Chacón y cuatro rifles, empujándolos. Detrás, solo, sin sus polainas, saco azul y sombrero pequeño, Gómez. Otros atrás, pocos, y Moncada, que no va al reo, ya en el lugar de muerte, llamando desolado, sacándose el reloj, que Chacón le arrebata, y tira en la hierba... manda Gómez, con el rostro demudado, y empuña su revólver, a pocos pasos del reo. Lo arrodillan, al hombre espantado, que aún, en aquella rapidez, tiene tiempo, sombrero en mano, para volver la cara dos o tres veces. A dos varas de él, los rifles bajos. «¡Apunten! –dice Gómez–:

¡Fuego!» Y cae sobre la hierba muerto. De los dos perdonados, cuyo perdón aconsejé y obtuve, uno, ligeramente cambiado de color pardo, no muestra espanto, sino sudor frío: otro, en sus cuerdas por los codos, está como si aún se hiciese atrás, como si huyese el cuerpo, ido de un lado lo mismo el rostro, que se le chupó y desencajó. Él, cuando les leyeron la sentencia, en el viento y en las nubes de la tarde, sentados los tres por tierra, con el pié en el cepo de varas, se apretaba con la mano las sienes. El otro, Onofre, oía como sin entender, y volvía la cabeza a los ruidos. «El Brujito», el muerto, mientras esperaba el fallo, escarbaba, doblado, la tierra, o alzaba de repente el rostro negro, de ojos pequeños y nariz hundida de puente ancho. El cepo fue hecho al vuelo: una vara recia en tierra, otra más fina al lado, atada por arriba, y clavada abajo de modo que deje paso estrecho al pie preso. «El Brujito», decían luego, era bandido de antes: «puede usted jurar, decía Moncada, que deja su entierro de catorce mil pesos». Sentado en un baúl en el rancho alrededor de la vela de cera; Moncada cuenta la última marcha de Guillermo moribundo; cuando iba a la cita con Masó. A la prisión entró Guillermo sano, y salió de ella delgado, caído, echando sangre en cuajos a cada tos. Un día, en la marcha, se sentó en el camino, con la mano a la frente: «me duele el cerebro»: y echó a chorros, la sangre, en cuajos rojos. «Estos son de la pulmonía —decía luego Guillermo, revolviéndolos—; y éstos, los negros, son de la espalda.» Zeff cuenta, y Gómez de la fortaleza de Moncada. «Un día —dice— lo hirieron en la rodilla y se le montó un hueso sobre el otro, así», y se puso al pecho un brazo sobre otro: «no se podía poner los huesos en lugar, y entonces, por debajo de los brazos lo colgamos, en aquel rancho más alto que éste, y yo me abracé a su pierna, y con todas mis fuerzas me dejé descolgar, y el hueso volvió a puesto, y el hombre no dijo palabra». Zeff es altazo, de músculo seco: «y me quedo de bandido en el monte si quieren otra vez acabar con infamias». «Una cosa tan bien planificada como ésta —dice Moncada— y andar con ella trafagando.» Se queja él, con amargura, del abandono amor y engaño en que tenía a Guillermo, Urbano Sánchez, ansioso siempre de la compañía blanca: «le digo que en Cuba hay una división horrorosa». Y se le ve el recuerdo rencoroso de la censura violenta a Mariano Sánchez cuando en el Ramón de las Yaguas abogó porque se cumpliese al teniente rendido la palabra de respetarle las armas, y M., que se veía con escopeta, y a otros más, quería echarse sobre los sesenta rifles. «¿Y usted quién es? –dice N. que le dijo M.– para dar voto en esto?» y G., expresa la idea de que M. «no tiene cara de cubano, por más que usted me lo diga, y dispénseme». Y de que el padre ande fuera, y mandó al hijo adentro, para estar a la vez en los dos campos. Mucho vamos hablando de la necesidad de picar al enemigo aturdido, y sacarlo sin descanso a la pelea, de cuajar con la pelea el ejército revolucionario desocupado, de mudar campos como éste, de 400 hombres, que cada día aumentan y comen en paz y guardan 300 caballos, en fuerza más ordenada y activa, que: «yo, con mis escopetas y mis dos armas de precisión, sé cómo armarme», dice Banderas: Banderas, que pasó allá abajo el día, en su hamaca solitaria, en el rancho fétido.

9. Adiós, a Banderas, a Moncada, al fino Carvajal que quisiera irse con nosotros, a los ranchos donde asoma la gente, saludando con los yareyes: «¡Dios los lleve con bien, mis hermanos!». Pasamos, sin que uno solo vuelva a ella los ojos, junto a la sepultura. Y a poco andar, por el hato lodoso se sale a la sabana, y a unos mangos al fondo: es Baraguá: son los mangos, aquellos dos troncos con una sola copa, donde Martínez Campos conferenció con Maceo. Va de práctico un mayaricero que estuvo allí entonces: «Martínez Campos lo fue a abrazar, y Maceo le puso el brazo por delante, así: ahí fue que tiró el sombrero al suelo. Y cuando le dije que ya García había entrado, viera el hombre cuando Antonio le dijo: "¿quiere usted que le presente a García?": García estaba allí, en ese monte: todo ese monte era de cubanos no más. Y de ese lado había otra fuerza, si venían con traición». De los llanos de la protesta salimos al borde alto, del rancho abandonado, de donde se ve el brazo del río, aún seco ahora con todo el cauce de yerbal, los troncos caídos cubiertos de bejuco, con flores azules y amarillas, y luego de un recodo, la súbita bajada: «¡Ah, Cauto –dice Gómez– cuánto tiempo hacía que no te veía!». Las barrancas feraces y elevadas penden, desgarradas a trechos, hacia el cauce, estrecho aún, por donde corren, turbias y revueltas, las primeras lluvias. De suave reverencia se hincha el pecho, y cariño poderoso, ante el vasto paisaje del río amado. Lo cruzamos, por cerca de una ceiba, y, luego del saludo a una familia mambí, muy gozosa de vernos, entramos al bosque claro, de Sol dulce, de arbolado ligero, de hoja acuosa. Como por sobre alfombra van los caballos, de lo mucho del césped. Arriba el curujeyal da al cielo azul, o a la palma nueva, o el dagame, que da la flor más fina, amada de la abeja, o la guásima, o la jatía.

Todo es festón y hojeo, y por entre los claros, a la derecha, se ve el verde del limpio, a la otra margen, abrigado y espeso. Veo allí el ateje, de copa alta y menuda, de parásitas y curujeyes; el cajueirán, «el palo más fuerte de Cuba», el grueso júcaro, el almácigo, de piel de seda, la jagua de hoja ancha, la preñada güira, el jigüe duro, de negro corazón para bastones, y cáscaras de curtir, el jubabán, de fronda leve, cuyas hojas, capa a capa. «Vuelven raso el tabaco», la caoba, de corteza brusca, la quiebrahacha, de tronco estriado, y abierto en ramos recios, cerca de las raíces (el caimitillo y el cupey y la picapica) y la yamagua, que estanca la sangre: A Cosme Pereira nos hallamos en el camino, y con él a un hijo de Eusebio Venero, que se vuelve a anunciarnos a Altagracia. Aun está en Altagracia Manuel Venero, tronco de patriotas, cuya hermosa hija Panchita murió, de no querer ceder, al machete del asturiano Federicón. Con los Venero era muy íntimo Gómez, que de Manuel osado hizo un temido jefe de guerrilla, y por Panchita sentía viva amistad, que la opinión llamaba amores. El asturiano se llevó la casa un día, y en la marcha iba dejando a Panchita atrás, y solicitándola, y resistiendo ella. «Tú no quieres porque eres querida de Gómez.» Se irguió ella, y él la acabó, con su propia mano. Su casa hoy nos recibe con alegría, en la lluvia oscura, y con buen café. Con sus holguineros se alberga allí Miró, que vino a alcanzarnos al camino: de aviso envió a Pancho Díaz, mozo que por una muerte que hizo se fue a asilar a M. Cristi, y es práctico de ríos, que los cruza en la cresta, y enlazador, y hoceador de puercos, que mata a machetazos. Miró llega, cortés en su buen caballo: le veo el cariño cuando me saluda: él tiene fuerte habla catalana; tipo fino; barba en punta y calva, ojos vivaces. Dio a Guerra su gente, y con su escolta de mocetones subió a encontrarnos. «Venga, Rafael.» Y se acerca, en su saco de nipe amarillo, chaleco blanco, y jipijapa de ala corta a la oreja, Rafael Manduley, el procurador de Holguín, que acaba de salir al campo. La gente, bien montada, es de muy buena cepa. Jaime Muñoz, peinado al medio, que administra bien, José González, Bartolo Rocaval, Pablo García, el práctico sagaz, Rafael Ramírez, sargento primero de la guerra, enjuto, de bigotillo negro, Juan Oro, Augusto Feria, alto y bueno, del pueblo, cajista y de letra, Teodorico Torres, Nolasco Peña, Rafael Peña, Luis Gérez, Francisco Díaz, Inocencio Sosa, Rafael Rodríguez, y Plutarco Artigas, amo de campo, rubio y tuerto, puro y servicial: dejó su casa grande, su bienestar, y «nueve hijos de los diez que tengo, porque el mayor me lo traje conmigo». Su hamaca es grande, con la almohadilla hecha de manos tiernas; su caballo es recio, y de lo mejor de la comarca; él se va lejos, a otra jurisdicción, para que de cerca «no lo tenga amarrado su familia»: y «mis hijitos se me hacían una piña alrededor y se dormían conmigo».

Aún vienen Miró y Manduley henchidos de su política local: a Manduley «no le habían dicho nada de la guerra», a él que tiene fama de erguido, y de autoridad moral; trae espejeras: iba a ver a Masó: «y yo, que alimentaba a mis hijos científicamente; quien sabe lo que comerán ahora». Miró, a gesto animado y verbo bullente, alude a su campaña de siete años en La doctrina de Holguín, y luego en El Liberal de Manzanillo, que le pagaban Calvar y Beattie, y donde les sacó las raíces a los «cuadrilongos», a los «astures», a «la malla integrista». «Dejó hija y mujer, y ha paseado, sin mucha pelea, su caballería de buena gente por la comarca. Me habla de los esfuerzos de Gálvez, en La Habana, para rebajar la revolución: del gran odio con que Gálvez habla de mí, y de Juan Gualberto: «a usted, a usted es a quien ellos le temen; a voz en cuello decían que no vendría usted, y eso es lo que los va ahora a confundir». Me sorprende, aquí como en todas partes, el cariño que se nos muestra, y la unidad de alma a que no se permitirá condensación, y a la que se desconocerá, y de la que se prescindirá, con daño, o por lo menos el daño de demora, de la resolución, en su primer año de ímpetu. El espíritu que sembré, es el que ha cundido, y el de la Isla, y con él, y guía conforme a él, triunfaríamos brevemente, y con mejor victoria, y para paz mejor. Preveo que, por cierto tiempo al menos, se divorciará a la fuerza a la revolución de este espíritu, se le privará del encanto y gusto, y poder de vencer, de este consorcio natural, se le robará el beneficio de esta conjunción entre la actividad de estas fuerzas revolucionarias y el espíritu que las anima. Un detalle: presidente me han llamado, desde mi entrada al campo, las fuerzas todas, a pesar de mi pública repulsa, y a cada campo que llego, el respeto renace, y cierto suave entusiasmo del general cariño, y muestras del goce de la gente en mi presencia y sencillez. Y al acercarse hoy uno: presidente, y sonreír yo: «No me le digan a Martí presidente: díganle general: él viene aquí como general: no me le digan presidente». «¿Y quién contiene el impulso de la gente, general? –le dice Miró– eso les nace del corazón a todos.» «Bueno: pero él no es presidente todavía: es el delegado.» Callaba yo, y noté el embarazo y desagrado en todos, y en algunos como el agravio. Miró vuelve a Holguín, de coronel: no se opondrá a Guerra: lo acatará: hablamos de la necesidad de una persecución activa, de sacar al enemigo de las ciudades, de picarlo por el campo, de cortarle todas las proveedurías, de seguirle los convoyes. Manduley vuelve también, no muy a gusto, a influir en la comarca que lo conoce, a ponérsele a Guerra de buen consejero, a amalgamar las fuerzas de Holguín, e impedir sus choques, a mantener el acuerdo de Guerra, Miró y Feria. Dormimos, apiñados, entre cortinas de lluvia. Los perros, ahítos de la matazón, vomitan la res. Así dormimos en Altagracia. En el camino, el único caserío fue Arroyo-Blanco: la tienda vacía: el grupo de ranchos: el ranchero barrigudo, blanco, egoísta, con el pico de la nariz caído entre las alas del poco bigote negro: la mujer, negra: la vieja ciega se asomó a la puerta, apoyada a un lado, y en el báculo amarillo el brazo tendido: limpia, con un pañuelo a la cabeza: «¿Y los pati-peludos matan gente ahora?». Los cubanos no me hicieron nadita a mí nunca, no señor.

10. De Altagracia vamos a la Travesía. Allí volví a ver, de pronto, a la llegada, el Cauto, que ya venía crecido, con su curso ancho en lo hondo, y a los lados, en vasto declive, los barrancos. Y pensé de pronto, ante aquella hermosura, en las pasiones bajas y feroces, del hombre. Al ir llegando, corrió Pablo una novilla negra, de astas nacientes, y la echan contra un árbol, donde, a vueltas, le van cortando la soga. Los caballos, erguidos, resoplan: les brillan los ojos. Gómez toma del cinto de una escolta el machete, y abre un tajo, rojo, en el muslo de la novilla. «¡Desjarreten esa novilla!» Uno, de un golpe, la desjarreta, y se arrodilla el animal mugiendo: Pancho, al oír la orden de matar, le mete, mal, el machete por el pecho, una vez y otra: uno, más certero, le entra hasta el corazón; y vacila y cae la res, y de la boca sale en chorro la sangre. Se la llevan arrastrando. Viene Francisco Pérez, de buen continente, enérgico y carirredondo, capitán natural de sus pocos caballos buenos, hombre sano y seguro. Viene el capitán Pacheco, de cuerpo pequeño, de palabra tenaz y envuelta, con el decoro y la aptitud abajo: tomó un arria, sus mismos cubanos le maltrataron la casa y le rompieron el burén, «yo no he venido a aspirar sino a servir a la patria», pero habla sin cesar, y como a medias, de los que hacen y de los que no hacen, y de que los que hacen menos suelen alcanzar más que el que hace «pero él sólo ha venido a salvar a la patria». «Mis polainas son éstas», las pantorrillas desnudas: el pantalón a la rodilla, los borceguíes de baqueta:

el yarey, amarillo y púrpura. Viene Bellito, el coronel Bellito de Jiguaní, que por enfermo había quedado acá. Lo adivino leal, de ojo claro de asalto, valiente en hacer y en decir. Gusta de hablar su lengua confusa, en que en las palabras inventadas, se le ha de sorprender el pensamiento. «La revolución murió por aquella infamia de reponer a su caudillo.» «Eso llenó de tristeza el corazón de la gente.» «Desde entonces empezó la revolución a volver atrás.» «Ellos fueron los que nos dieron el ejemplo», ellos, «los de la Cámara», cuando Gómez censura agrio las rebeliones de García, y su cohorte de consejeros: Belisario Peralta, el venezolano Barreto, Bravo y Senties, Fonseca, Limbano Sánchez, y luego Collado. Bello habla dándose paseos, como quien espía al enemigo, o lo divisa, o cae sobre él, o salta de él. «Eso es lo que la gente quiere: el buen carácter en el mando.» «No, señor, a nosotros no se nos debe hablar así, porque no se lo aguanto a hombre nacido.» «Yo he sufrido por mi patria, cuanto haiga sufrido el mejor general.» Se encara a Gómez, que lo increpa porque los oficiales dejan pasar a Jiguaní las reses que llevan pase en nombre de Rabí. «Los que sean; y además ésa, la orden del jefe, y nosotros tenemos que obedecer a nuestro jefe.» «Ya sé que eso está mal, y no debe entrar res; pero el menor tiene que obedecer al mayor.» Y cuando Gómez dice: «Pues lo tienen a usted bueno con lo de presidente. Martí no será presidente mientras yo esté vivo»: y enseguida, «porque yo no sé qué le pasa a los presidentes, que en cuanto llegan ya se echan a perder, excepto Juárez, y eso un poco, y Washington», Bello, airado, se levanta, y da dos a tres trancos y el machete le baila a la cintura: «Eso será a la voluntad del pueblo»: y murmura: «Porque nosotros —me dijo otra vez, acodado a mi mesa con Pacheco— hemos venido a la revolución para ser hombres, y no para que nadie nos ofenda en la dignidad de hombre». En lluvias, jarros de café, y plática de Holguín y Jiguaní llega la noche. Por noticias de Masó esperamos. ¿Habrá ido a la concentración con Maceo? Miró a oscuras, roe en la púa una paloma rabiche. Mañana mudaremos de casa. 11. A más allá, en la misma travesía, a casa menos fangosa. Se va Miró con su gente. Llegamos pronto. A Rosalío Pacheco; que sirvió en toda la guerra, y fue deportado a España en la chiquita; y allá casó con una andaluza, lo increpa reciamente Gómez. Pacheco sufre, sentado en la camilla de varas al pie de mi hamaca. Notas, conversación continua sobre la necesidad de activar la guerra, y el asedio de las ciudades.

12. De la Travesía a la Jatía, por los potreros, aun ricos en reses, de la Travesía, Guayacanes y la Vuelta. La hierba ya se espesa, con la lluvia continua. Gran pasto, y campo, para caballería. Hay que echar abajo las cercas de alambre, y abrir el ganado al monte, o el español se lo lleva, cuando ponga en La Vuelta el campamento, al cruce de todos estos caminos. Con barrancas como las del Cauto asoma el Contramaestre, más delgado y claro; y luego lo cruzamos y bebemos. Hablamos de hijos: Con los tres suyos está Teodosio Rodríguez, de Holguín: Artigas trae el suyo: con los dos suyos de veintiún y dieciocho años, viene Bellito. Una vaca pasa rápida, mugiendo dolorosa, y salta el cercado: despacio viene a ella, como viendo poco, el ternero perdido; y de pronto, como si la reconociera, se enarca y arrima a ella, con la cola al aire, y se pone a la ubre: aun muge la madre. La Jatía es casa buena, de cedro, y de corredor de zinc, ya abandonada de Agustín Maysana, español rico; de cartas y papeles están los suelos llenos. Escribo al aire, al Camagüey, todas las cartas que va a llevar Calunga, diciendo lo visto, anunciando el viaje, al marqués, a Mola, a Montejo. Escribo la circular prohibiendo el paso de reses, y la carta a Rabí. Masó anda por la sabana con Maceo, y le escribimos: una semana hemos de quedarnos por aquí, esperándolo. Vienen tres veteranos de las Villas, uno con tres balazos en el ataque imprudente a Arimao, bajo Mariano Torres, y el hermano, por salvarlo, con uno: van de compra y noticias a Jiguaní: Jiguaní tiene un fuerte, bueno, fuera de la población, y en la plaza dos tambores de mampostería, y los otros dos sin acabar, porque los carpinteros que atendían a la madera desaparecieron: y así dicen: «vean cómo están estos paisanos, que ni pagados quieren estarse con nosotros». Al acostarnos, desde las hamacas, luego de plátano y queso, acabado lo de escribir, hablamos de la casa de Rosalío, donde estuvimos por la mañana, al café a que nos esperaba él, de brazos en la cerca. El hombre es fornido, y viril, de trabajo rudo, y bello mozo, con el rostro blanco ya rugoso, y barba negra corrida. «Aquí tienen a mí, señora», dice el marido fiel, y con orgullo: Y allí está en su túnico morado, el pie sin medias en la pantufla de flores, la linda andaluza, subida a un poyo, pilando el café. En casco tiene alzado el cabello por detrás, y de allí le cuelga en cauda: se le ve sonrisa y pena. Ella no quiere ir a Guantánamo, con las hermanas de Rosalío: ella quiere estar «donde esté Rosalío». La hija mayor, blanca, de puro óvalo, con el rico cabello corto abierto en dos y enmarañado, aquieta a un

criaturín huesoso, con la nuca de hilo y la cabeza colgante, en un gorrito de encaje: es el último parto. Rosalío levantó la finca; tiene vacas, prensa quesos: a lonjas de a libra nos comemos su queso, remojado en café: con la tetera, en su taburete, da leche Rosalío a un angelón de hijo, desnudo, que muerde a los hermanos que se quieren acercar al padre: Emilia, de puntillas, saca una taza de la alacena que ha hecho de cajones, contra la pared del rancho. O nos oye sentada; con su sonrisa dolorosa, y alrededor se le cuelgan sus hijos.

13. Esperaremos a Masó en lugar menos abierto, cerca de Rosalío, en casa de su hermano. Voy aquietando: a Bellito, a Pacheco, y a la vez impidiendo que me muestren demasiado cariño. Recorremos de vuelta los potreros de ayer, seguimos Cauto arriba, y Bellito pica espuelas para enseñarme el bello estribo, de copudo verdor, donde, con un ancho recodo al frente se encuentran los dos ríos: el Contramaestre entra allí al Cauto. Allí en aquel estribo, que da por su fondo a los potreros de la Travesía, ha tenido Bellito campamento: buen campamento: allí arboleda oscura, y una gran ceiba. Cruzamos el Contramaestre, y, a poco; nos apeamos en los ranchos abandonados de Pacheco. Aquí fue, cuando esto era monte, el campamento de Los Ríos, donde O'Kelly se dio primero con los insurrectos, antes de ir a Céspedes. Y hablamos de las tres Altagracias. Altagracia la cubana, donde estuvimos. Altagracia de Manduley. Altagracia la bayamesa. De sombreros: «tanta tejedora que hay en Holguín». De Holguín, que es tierra seca, que se bebe la lluvia, con sus casas a cordel, y sus patios grandes, «hay mil vacas paridas en Holguín». Me buscan hojas de zarza, o de tomate, para untarlas de sebo, sobre los nacidos. Artigas le saca flecos a la jáquima que me trae Bellito. Ya está el rancho barrido: hamacas, escribir; leer; lluvia; sueño inquieto.

14. Sale una guerrilla para La Venta, el caserío con la tienda de Rebentoso, y el fuerte de veinticinco hombres. Mandan, horas después, al alcalde; el gallego José González, casado en el país, que dice que es alcalde a la fuerza, y espera en el rancho de Miguel Pérez, el pardo que está aquí de cuidador, barbero. Escribo, poco y mal, porque estoy pensando con zozobra y amargura. ¿Hasta qué punto será útil a mi país mi desistimiento? Y debo desistir, en cuanto llegase la hora propia, para tener libertad de aconsejar, y poder moral para resistir el peligro que de años atrás preveo, y en la soledad en que voy, impere acaso, por la desorganización e incomunicación que en mi aislamiento

no puedo vencer, aunque, a campo libre; la revolución entraría, naturalmente, por su unidad de alma, en las formas que asegurarían y acelerarían su triunfo. Rosalío va y viene, trayendo recados, leche, cubiertos, platos: ya es prefecto de Dos Ríos. Su andaluza prepara para un enfermo una purga de higuereta, de un catre le hace hamaca, le acomoda un traje: el enfermo es José Gómez, granadino, risueño, de franca dentadura: «Y usted, Gómez, ¿cómo se nos vino para acá? Cuénteme, desde que vino a Cuba». «Pues yo vine hace dos años y me rebajaron, y me quedé trabajando en el Camagüey. Nos rebajaron así a todos, para cobrarse nuestro sueldo, y nosotros de lo que trabajábamos vivíamos. Yo no veía más que criollos, que me trataban muy bien: yo siempre vestí bien, y gané dinero, y tuve amigos: de mi paga en dos años, sólo alcancé doce pesos. Y ahora me llamaron al cuartel, y no sufrí tanto como otros, porque me hicieron cabo; pero aquello era maltratar a los hombres, que yo no lo podía sufrir, y cuando un oficial me pegó dos cocotazos, me callé, y me dije que no me pegarían más, y me tomé el fusil y las cápsulas, y aquí estoy.» Y a caballo, en su jipijapa y saco pardo, con el rifle por el arzón de su potranca, y siempre sonriendo. Se agolpan al rancho, venideros de La Sabana, de Hato del Medio, los balseros que fueron a preguntar si podían arrear la madera: vuelven a Cauto del embarcadero, pero no arrearla: prohibidos, los trabajos que den provecho, directo o indirecto, al enemigo. Ellos no murmuran: querían saber: están preparados a salir; con el comandante Contiño. Veo venir, a caballo, a paso sereno bajo la lluvia, a un magnífico hombre, negro de color, con gran sombrero de ala vuelta, que se queda oyendo, atrás del grupo, y con la cabeza por sobre él. Es Casiano Leyva, vecino de Rosalío, práctico por Guamo, entre los triunfadores el primero, con su hacha potente: y al descubrirse le veo el noble rostro, frente alta y fugitiva, combada al medio, ojos mansos y firmes, de gran cuenca; entre pómulos anchos; nariz pura; y hacia la barba aguda la pera canosa: es heroica la caja del cuerpo, subida en las piernas delgadas: una bala, en la pierna: él lleva permiso de dar carne al vecindario; para que no maten demasiada res. Habla suavemente; y cuanto hace tiene inteligencia y majestad. Él luego irá por Guamo. Escribo las instrucciones generales a los jefes y oficiales.

15. La lluvia de la noche, el fango, el baño en el Contramaestre: la caricia del agua que corre: la seda del agua. A la tarde; viene la guerrilla: que Masó anda

por La Sabana, y nos lo buscan: traen un convoy cogido en La Ratonera. Lo vacían a la puerta: lo reparte Bellito: vienen telas, que Bellito mide al brazo: tanto a la escolta, tanto a Pacheco, el capitán del convoy, y la gente de Bellito, tanto al estado mayor: velas, una pieza para la mujer de Rosalío, cebollas y ajos y papas y aceitunas para Valentín. Cuando llegó el convoy, allí el primero Valentín, al pie, como abriendo ansioso. Luego, la gente alrededor. A ellos, un galón de «vino de composición para tabaco», mal vino dulce: que el convoy de Bayamo, sigue sin molestar a Baire, repartiendo raciones. Lleva once prácticos, y Francisco Diéguez entre ellos: «Pero él vendrá: él me ha escrito: lo que pasa es que en la fuerza teníamos a los bandidos que persiguió él, y no quiere venir, los bandidos de El Brujito, el muerto de Hato del Medio». Y no hay fuerzas alrededor con que salirle al convoy, que va con 500 hombres. Rabí — dicen— atacó el tren de Cuba en San Luis, y quedó allá. De Limbano hablamos, de sobremesa: y se recuerda su muerte, como la contó el práctico de Mayarí, que había acudido a salvarlo, y llegó tarde. Limbano iba con Mongo, ya deshecho, y llegó a casa de Gabriel Reyes, de mala mujer, a quien le había hecho mucho favor: le dio las monedas que llevaba; la mitad para su hijo de Limbano, y para Gabriel la otra mitad, a que fuera a Cuba, a las diligencias de su salida, y el hombre volvió con la promesa de 2.000 pesos, que ganó envenenando a Limbano. Gabriel fue al puesto de la guardia civil, que vino, y disparó sobre el cadáver, para que apareciese muerto de ella. Gabriel vive en Cuba, acusado de todos los suyos: su ahijado le dijo: «Padrino, me voy del lado de usted, porque usted es muy infame». Artigas, al acostarnos pone grasa de puerco sin sal sobre una hoja de tomate, y me cubre la boca del nacido.

16. Sale Gómez a visitar los alrededores. Antes, registro de los sacos, del teniente Chacón, oficial Díaz, sargento P. Rico, que murmuran, para hallar un robo de media botella de grasa: Convicción de Pacheco, el capitán: que el cubano quiere cariño, y no despotismo: que por el despotismo se fueron muchos cubanos al gobierno, y se volverían a ir: que lo que está en el campo es un pueblo, que ha salido a buscar quien lo trate mejor que el español, y halla justo que le reconozcan su sacrificio. Calmo y desvío sus demostraciones de afecto a mí, y las de todos. Marcos, el dominicano: «¡Hasta sus huellas!». De casa de Rosalío vuelve Gómez. Se va libre el alcalde de la Venta: que los soldados de la Venta, andaluces, se nos quieren pasar. Lluvia, escribir, leer.

17. Gómez sale, con los cuarenta caballos a molestar el convoy de Bayamo.

Me quedo escribiendo con Garriga y Feria, que copian las Instrucciones generales a los jefes y oficiales conmigo doce hombres, bajo el teniente Chacón, con tres guardias, a los tres caminos; y junto a mí, Graciano Pérez. Rosalío, en su arrenquín, con el fango a la rodilla, me trae, en su jaba de casa, el almuerzo cariñoso: «por usted doy mi vida». Vienen, recién salidos de Santiago, dos hermanos Chacón, dueño el uno del arria cogida antier, y su hermano rubio, bachiller y cómico, y José Cabrera, zapatero de Jiguaní, trabado y franco, y Duane, negro joven, y como labrado, en camisa, pantalón y gran cinto, y... Avalos, tímido, y Rafael Vázquez, y Desiderio Soler, de dieciséis años, a quien Chacón trae como hijo. Otro hijo hay aquí, Ezequiel Morales, con dieciocho años, de padre muerto en la guerra. Y estos que vienen, me cuentan de Rosa Moreno, la campesina viuda que le mandó a Rabí su hijo único Melesio, de dieciséis años: «allá murió tu padre: ya yo no puedo ir: tú ve». Asan plátanos, y majan tasajo de vaca, con una piedra en el pilón, para los recienvenidos. Está muy turbia el agua crecida del Contramaestre, y me trae Valentín un jarro hervido en dulce, con hojas de higo.

Sábado 18 de mayo
Apéndice
Memoranda
Lola, jolongo... el balcón... Madrugada Inag.
11. Izan el bote. Sal. Once y media. Roza Maisí. A las siete y media, oscuridad. Cap. conmovido, bajan bote, llueve, rumbamos mal, confusión por rumbo, chubasco recio, el timón se pierde. Salas rema segundo. Lo vemos de proa. P. a popa, rema. Nos ceñimos los revolvers. A un abra. La Luna asoma roja bajo una nube. ¡Playa, de piedras! Arribamos. Me quedo en el bote y lo vacío. Salto. Viramos el bote, y el garr. de agua. Bebimos Málaga. Arriba, por piedras y espinas. Descansamos. Saltamos cerca y ciénaga. Conucos. González y Silv. Por repechos muy cargados entramos a buscar a Mesón. En el monte, hasta las dos. Convenzo, a S. a ir hasta Imía. Seguimos cauce del Tacre, piedras. Nos metemos bajo un farallón a la derecha del río a esperar a S. que fue a Imía. Bajo el dosel de piedras dormimos. Marcos derriba un arbusto: G. me hizo cama de hojas. Capa-jol. de a alm.

13. Mudamos, a la orilla del río. Ponemos de G. a M. (Hojas de guao). A las once preparen. Vienen Abr. con Silv. José. Alarma. Puerco y pollo, caña y bon. Vendrá práctico. Almorzamos. Se va S. a la cueva. Llueve. Alarma. Apuntamos. Vienen Abr. y Blas. Nos manda a buscar Ruen. Cojo hojas secas para mi cama. Asamos boniato.

14. Salimos a las cinco. A la cintura cruzamos el río-bagá al lado. Luego altísima loma, yaya, cupey, majagua.

Palabras ininteligibles.
En un margen se lee:

Lola. El bote-la bajada. El pie en C... El asalto.
Mi primera cama. P. y aviso. la primera jutía.

Palabras ininteligibles.
En la contracubierta se lee: Jaime Vidal registrará la palabra BOWNE del general. Yo telegrafío a Andrés.
Al general yo sigo de Santiago. Sigo capital. Martí (esto último no está escrito con la letra de Martí).

LIBROS A LA CARTA

A la carta es un servicio especializado para
empresas,
librerías,
bibliotecas,
editoriales
y centros de enseñanza;
y permite confeccionar libros que, por su formato y concepción, sirven a los propósitos más específicos de estas instituciones.

Las empresas nos encargan ediciones personalizadas para marketing editorial o para regalos institucionales. Y los interesados solicitan, a título personal, ediciones antiguas, o no disponibles en el mercado; y las acompañan con notas y comentarios críticos.

Las ediciones tienen como apoyo un libro de estilo con todo tipo de referencias sobre los criterios de tratamiento tipográfico aplicados a nuestros libros que puede ser consultado en www.linkgua-digital.com.

Linkgua edita por encargo diferentes versiones de una misma obra con distintos tratamientos ortotipográficos (actualizaciones de carácter divulgativo de un clásico, o versiones estrictamente fieles a la edición original de referencia).

Este servicio de ediciones a la carta le permitirá, si usted se dedica a la enseñanza, tener una forma de hacer pública su interpretación de un texto y, sobre una versión digitalizada «base», usted podrá introducir interpretaciones del texto fuente. Es un tópico que los profesores denuncien en clase los desmanes de una edición, o vayan comentando errores de interpretación de un texto y esta es una solución útil a esa necesidad del mundo académico.

Asimismo publicamos de manera sistemática, en un mismo catálogo, tesis doctorales y actas de congresos académicos, que son distribuidas a través de nuestra Web.

El servicio de «libros a la carta» funciona de dos formas.

1. Tenemos un fondo de libros digitalizados que usted puede personalizar en tiradas de al menos cinco ejemplares. Estas personalizaciones pueden ser de todo tipo: añadir notas de clase para uso de un grupo de estudiantes, introducir logos corporativos para uso con fines de marketing empresarial, etc. etc.

2. Buscamos libros descatalogados de otras editoriales y los reeditamos en tiradas cortas a petición de un cliente.

Printed in Great Britain
by Amazon